AF388649

VILLE DE LILLE

(NORD)

COLLECTION DE M. BLANCHO

Mᵉ WICART, commissaire-priseur.

Mᵉ GANDOUIN, expert.

—

MAI 1893

Paris. — MAY & MOTTEROZ, Lib.-Imp. réunies

7, rue Saint-Benoît

VILLE DE LILLE (Nord)

VENTE AUX ENCHÈRES PUBLIQUES

DE LA

COLLECTION DE M. BLANCHO

PAR SUITE DE CHANGEMENT DE DOMICILE

COMPRENANT

PORCELAINES ANCIENNES

DE LA CHINE, DE L'INDE, DU JAPON, DE SÈVRES, DE SAXE
ET AUTRES FABRIQUES

TRÈS IMPORTANT SERVICE
PORCELAINE ANCIENNE DE LILLE

FAÏENCES ANCIENNES DIVERSES

dont 5 pièces en Delft doré

PAIRE DE TRÈS BEAUX SÈVRES ANCIEN (PATE TENDRE)

TABLEAUX ORIGINAUX
de Maîtres anciens

Œuvres de CAROLUS DURAN et de G. BRION

BEAU MOBILIER DE SALON EN TAPISSERIE DE NEUILLY

Bronzes d'Art et d'Ameublement

OBJETS DIVERS

Dont la vente aura lieu à LILLE, square Jussieu, 10

Les lundi 8 et mardi 9 mai, à deux heures précises

Mᵉ WICART	**Mᵉ GANDOUIN**
Commissaire-Priseur	Expert
11, rue de l'Arc, à Lille,	31, rue des Saints-Pères, à Paris,
(Nord).	et à Lille, Grand-Hôtel
	(Nord).

CHEZ LESQUELS SE DISTRIBUE LE CATALOGUE

EXPOSITIONS PUBLIQUES

Les 6 et 7 mai 1893, de 1 heure à 6 heures du soir

CONDITIONS DE LA VENTE

La vente sera faite au comptant.

Les acquéreurs payeront 10 0/0 en sus du prix d'adjudication, applicables aux frais.

Plus 0 fr. 50 0/0 pour droits de criée.

L'ordre numérique du catalogue ne sera pas suivi.

LE CATALOGUE SE DISTRIBUE :

A Amiens,	chez M. Ducatelle, commissaire-priseur.
A Arras,	— M. Cossiau, antiquaire.
A Cambrai,	— M. Guilmain, antiquaire.
A Douai,	— MM. les commissaires-priseurs.
A Rouen,	— M. Gouy, antiquaire, rue Beauvaisine.
A Versailles,	— M. Leroy, antiquaire, 8, place Hoche.
A Bruxelles,	— M. Cools, antiquaire.

PORCELAINES ANCIENNES

1. — **Lille ancien**; très important service de table, décor
polychrome, bouquets de fleurs, très belle qualité,
presque toutes les pièces signées au dauphin cou-
ronné ou (à Lille).

24 assiettes creuses.
267 — plates.
2 soupières.
16 plats ovales.
5 — ronds.
1 — carré.
7 jattes.
2 — ovales.
5 saladiers ronds.
1 — ovale.
2 légumiers.
1 compotier.
8 sucriers.
2 glacières.

4 salières doubles.
1 saucière.
2 pots à lait.
1 moutardier.
1 écuelle.
3 beurriers.
3 théières.
14 pots à crème avec plateau.
1 jardinière.
2 plateaux à épices, à double récipient fixe.
32 soucoupes.
30 tasses.

Nota. — Ce service sera présenté aux enchères sur la mise à prix de
sept mille francs.

Dans le cas où il n'y aurait pas d'acquéreur pour l'ensemble, il sera di-
visé et vendu par lots dans les deux vacations.

2. — **Tournai ancien**; pâte tendre. 21 assiettes plates,
très beau décor polychrome, bouquets de fleurs
très belle qualité.

3. — **Chine ancien**; 4 assiettes plates, décor polychrome
à rouleau.

4. — **Chine ancien**; 2 plats ronds à décor polychrome au
dragon.

5. — **Chine ancien**; 2 plats ronds, famille rose, riche
marli.

6. — **Chine ancien**; 2 compotiers, décor polychrome,
fleurs et oiseaux.

7. — **Chine ancien**; 6 assiettes, décor polychrome, fleurs
avec zone noire.

8. — **Chine ancien**; 6 autres, fleurs polychromes, sur
rocher bleu.

9. — **Chine ancien**; 3 autres, fleurs sur roche de jade.

10. — **Chine ancien**; 8 autres, riche bouquet de roses et
fong-hoang sur rocher bleu.

11. — **Chine ancien**; 9 assiettes plates, polychromes,
roses, riche marli.

12. — **Chine ancien**; 24 assiettes plates, décor polychrome,
bambous et haie.

13. — **Chine ancien**; 6 assiettes creuses, fleurs polychromes.

14. — **Chine ancien**; 2 plats, décor polychrome, fleurs et
zone corail.

15. — **Chine ancien**; 6 compotiers creux, décor polychrome,
fleurs, rosace au centre.

16. — **Chine ancien**; 2 compotiers, famille rose.

17. —   —   —   avec pagodes et cours
d'eau, imité du Japon.

18. — **Chine ancien**; 6 assiettes, décor polychrome, roses
   et chrysanthèmes.

19. — **Chine ancien**; 4 autres, avec riche marli et fleur
   de lotus.

20. — **Chine ancien**; 7 autres de la famille rose, marli
   orné de tulipes.

21. — 2 autres de même famille, fleurs, marli orné de la
   pierre précieuse.

22. — **Chine ancien**; 4 décors polychromes, roses riches,
   marli avec grenades.

23. — **Chine ancien**; 6 assiettes, décor polychrome, branchages et modèles.

24. — **Chine ancien**; 9 autres, décor polychrome, fleurs,
   riche marli.

25. — **Chine ancien**; 7 autres, avec arbuste, pêcher.

26. —   —   assiette, décor polychrome, personnage offrant une fleur à une princesse.

27. — **Chine ancien**; assiette, riche décor polychrome,
   marli à lambrequins.

28. — **Chine ancien**; compotier, riche décor polychrome,
   rocher, oiseaux, fleurs.

29. — **Chine ancien**; autre, avec coqs.

30. —   —   beau bol, décor polychrome à personnages, scènes de roman.

31. — **Chine ancien**; 2 autres jolis décors à fond vermicellé or, personnages.

32. — **Chine ancien**; autre plus petit, décor polychrome et
   or, fleurs, fêlé.

33. — **Chine ancien ;** 6 très belles assiettes, décor polychrome, fleurs, oiseaux et rocher bleu.

34. — **Chine ancien ;** 4 assiettes, beau décor polychrome,
personnage offrant une fleur à une princesse.

35. — **Chine ancien ;** 2 belles assiettes, famille rose.

36. —   —   —   2 petites potiches mignonnettes à
décor polychrome, fleurs et coq.

37. — **Chine ancien ;** grand plat rond, décor polychrome,
fleurs riches et coq, beau marli.

38. — **Chine ancien ;** plat rond, joli décor dit de divers
modèles belle qualité.

39. — **Chine ancien ;** plat rond, beau décor polychrome à
rouleau orné de perdrix, belle qualité.

40. — **Chine ancien ;** 2 compotiers, beau décor polychrome,
rocher, fleurs et fong hoang.

41. — **Chine ancien ;** 2 bols, décor polychrome, fond vermicellé, avec réserves à personnages.

42. — **Chine ancien ;** théière, décor polychrome, personnages.

43. — **Chine ancien ;** 2 potiches de la famille rose, décor
polychrome, modèles et fleurs montés en lampes,
bronze doré de style Louis XV.

44. — **Vieux Chine ;** paire de magots enfants, genoux en
terre, présentant des corbeilles, salières, à décor
polychrome, époque de Kien-Long.

45. — **Vieux Chine ;** sucrier couvert, décor polychrome,
façon Japon.

46. — **Chine imitation**; 2 cornets.

47. — **Inde (Vieille)**; deux beurriers avec plateaux, décor polychrome, fleurs.

48. — **Inde (Vieille)**; 2 soupières couvertes, décor fleurs.

49. — — — grande chope, décor fleurs.

50. — — — 3 compotiers, décor polychrome, fleurs, marli à fond rose.

51. — **Inde (Vieille)**; 47 assiettes plates, décor polychrome, fleurs.

52. — **Inde (Vieille)**; 24 assiettes, décor polychrome, fleurs, marli à fond vermicellé corail.

53. — **Inde (Vieille)**; 18 assiettes, fond orné de fleurs, avec zone à fond corail.

54. — **Inde (Vieille)**; 10 assiettes plates; décor polychrome, fleurs, marli entouré d'une zone rouge et or.

55. — **Inde (Vieille)**; grand plat ovale, décor polychrome, fleurs et tulipes.

56. — **Inde (Vieille)**; 2 autres, décor analogue.

57. — **Inde (Vieille)**; 2 plats ronds, décor polychrome, roses.

58. — **Inde (Vieille)**; 2 compotiers, décor polychrome, fleurs.

59. — **Inde (Vieille)**; 4 assiettes, décor polychrome, fleurs et tulipes.

60. — **Inde (Vieille)**; 3 assiettes, décor de bouquets de roses.

61. — **Inde (Vieille)**; 2 compotiers, décor fleurs, marli rose.

62. — **Inde** (Vieille) ; plat rond, bouquets de fleurs et tulipe.

63. — **Inde** (Vieille) ; 4 tasses et soucoupes, décor fleurs.

64. — **Chine ancien** ; 10 soucoupes, 4 creuses, 6 plates, polychrome, décor fleurs.

65. — **Japon ancien** ; 4 compotiers, décor bleu rouge et or, pagodes et cours d'eau.

66. — **Japon ancien** ; 2 plats ronds, même décor, bambous et chrysanthèmes.

67. — **Japon ancien** ; compotier à caissons alternés corail bleu et blanc, semé de fleurs.

68. — **Japon ancien** ; 6 plats, décor de modèles et fleurs marli en bleu alternés de modèles et paysages.

69. — **Japon ancien** ; 12 soucoupes, 13 tasses ; décor polychrome et or.

70. — **Amstel** ; 2 grands plats ovales, décor polychrome, bouquets de fleurs.

71. — **Tournai ancien** à décor bleu ; pâte tendre.

465	assiettes plates.	29	plats ronds.
91	assiettes creuses.	18	plats ovales.
5	compotiers.	2	coupes à fruits.
10	saladiers.	2	moutardiers.
10	saucières.	11	raviers.
8	soupières.	10	pots à crème.
5	légumiers.	2	sucriers.
2	plateaux carrés.	19	tasses avec soucoupes.

72. — **Marseille ancien** ; huilier, forme gondole, décor polychrome, fleurs, et 2 burettes en verre taillé de Hollande.

73. — **Delft ancien**; pot à tabac, le couvercle surmonté d'un personnage tenant une carotte, décor bleu.

74. — **Saint-Omer**; pichet à bière, émail bleu, imbrications blanches et jaunes.

75. — **Sinceny ancien**; plat ovale, décor polychrome, fleurs, oiseaux et enfants chinois; signé au revers du monogramme S.

76. — **Grès anciens** de la Meuse; 2 cruches, le bec orné d'un masque chimérique en relief, émail bleu.

77. — **Desvres ancien**; 2 plats, décor polychrome, fleurs.

78. — **Strasbourg ancien**; pot à eau couvert et plat, décor polychrome, signé du monogramme de Philippe Hannong.

79. — **Delft ancien**; 3 plats ronds, décor bleu.

80. — **Delft ancien**; 12 plats à caissons, de fond bleu vermicellé, réserves, ornés de bouquets de fleurs.

81. — **Delft ancien**; garniture de 5 pièces, comprenant potiche, 2 bouteilles et deux cornets, *très belle qualité*, bleu, rouge et or, marque d'Adam Pinacker.

82. — **Delft ancien**; cornet, décor bleu.

83. — **Delft ancien**; 2 cornets à décor bleu, montés en lampes.

84. — **Japon ancien**; 2 cornets, décor polychrome.

85. — **Japon ancien**; 2 potiches couvertes, décor polychrome et or.

86. — **Japon ancien** ; 4 assiettes, décor polychrome et or.

87. — **Japon ancien** ; 12 tasses et soucoupes, décor polychrome, personnages et paysage.

88. — **Saxe ancien** ; service, décor polychrome, bouquets
de fleurs, composé de boîte à thé, théière, café-
tière, pot à lait, sucrier, 12 tasses et soucoupes.

89. — **Verre ancien de bohême** ; coupe couverte gravée.

Sous ce numéro environ cent pièces : Verres
de table, verres à vins fins, coupes, confituriers et
autres.

90. — **Verrerie ancienne flamande** ; époque Louis XIV.

91. — 28 **Verres à vin du Rhin** ; époque Louis XIV.

92. — **Japon ancien** ; 2 cornets, décor polychrome, montés
en bronze, style Louis XV, un réparé.

93. — **Neufchâtel ancien** ; pot à eau et sa cuvette, décor
polychrome, fleurs et paysage.

94. — **Sèvres ancien** ; pâte tendre, très belle paire de
seaux, décor polychrome, bouquets de fleurs et
fruits sur réserves entourées d'or fond vert,
anses détachées de goût rocaille — lettre D. —
1757, signés du monogramme T.
Très belle qualité et très rare.

95. — **Sèvres ancien** ; pâte tendre, saucière à double anse
verticale, décor polychrome de bouquets de fleurs,
modèle du service dit à feuille de chou, 1763.

OBJETS DIVERS

96. — **Art japonais**; plateau et 4 boîtes à jetons de nacre gravés et ouvrés (120 pièces).

97. — **Éventail** de l'époque Louis XV; feuille de vélin peinte à la gouache, représentant une allégorie relative au mariage; composition de 20 figures; très belle monture pleine, en ivoire sculpté, décoré au vernis Martin, avec fond en nacre vive; art français; au revers, paysage et personnages.

98. — **Éventail** de l'époque Louis XV; feuille peinte à la gouache sur vélin, chasse au faucon; monture en ivoire sculpté à jour, parties peintes et dorées; art français.

99. — **Éventail** de l'époque de la régence peint au vernis Martin, représentant Suzanne et les vieillards; au revers, paysage; art hollandais.

100. — **Éventail** de l'époque Louis XVI; feuille de vélin peinte à la gouache, pastorale; monture en ivoire doré.

TABLEAUX

101. — **Duran** (Carolus); nature morte; posé sur une table, un plat contient des pommes, poires et fleurs, au fond, flacon de marasquin.

102. — **Duran** (Carolus); nature morte; bourriche renversée sur une table, raie, carpe, merlans et maquereau.

103. — **Duran** (Carolus); nature morte; canard, bécassine, perdreaux, pigeons et lièvres.

104-105. — **Duran** (Carolus); paysages aux environs de
Lille, lever et coucher de soleil.

106. — **Boschaert**; vase contenant des fleurs, posé sur un
appui de pierre; signé, daté 1681; très beau tableau.

107. — **Winkenboons**; intérieur de forêt; par une échappée,
l'on voit la campagne, sur un tertre, deux paysans
causent; signé du Chardonneret, monogramme du
maître, œuvre d'un fini précieux; beau tableau.

108. — **Michau** (Théobald); paysage traversé par une
route. De nombreuses figures et un coche sil-
lonnent le chemin.

109. — **Molyn** (Peter); bords d'un cours d'eau.

110. — **Michau** (Théobald); *Le Bac*, village au bord d'un
cours d'eau, nombreuses figures.

111. — **Brion** (Gustave); *Idylle à la fontaine*, scène alsa-
cienne, beau tableau de ce maître, signé, daté 1866.

112. — **Arthois** (Jacques d'); paysage; sur une route sa-
blonneuse, un seigneur et sa dame sont fêtés par
des bohémiens.

113. — **Arthois** (Jacques d'); *Le repos en Égypte*, très beau
paysage; la Vierge, assise au bord d'une route, est
entourée de chérubins.

114. — **Molenaer** (Jan); *Intérieur de tabagie*, œuvre impor-
tante de ce maître. Près d'une table, cinq buveurs
chantent et jouent du violon; au fond, divers personnages sous le manteau d'une cheminée; signé
en toutes lettres.

115. — **Molyn** (Peter) ; paysage, une route contourne une ferme sur un monticule, au premier plan, trois paysans causent ; signé du monogramme P. M. ; beau tableau de ce maître.

116. — **Goyen** (Jan Van) ; *Village au bord de l'Escaut*, très joli tableau de ce maître ; près d'un amas de maisons, l'église du village et divers bateaux à l'entrée du petit port, une barque chargée d'hommes se dirige vers le port.

117. — **Drochs Loot** ; village traversé par une route sur laquelle de nombreux personnages, bon tableau de ce maître.

118. — **Motto** (Antonio) ; *Gibier mort*.

119. — **Poussin** (Nicolas) ; paysages avec scènes mythologiques et *le Deluge*.

    6 gravures encadrées : Delacroix (Eugène), *la Médée*, très belle lithographie de Lasalle, épreuve sur chine avant la lettre ; Scheffer, *Faust et Marguerite*, lithographie L. Lasalle, très belle épreuve sur chine avant la lettre.

120. — **Époque Louis XV** ; cartel en bronze ciselé, motifs rocaille. — Mouvement signé Van den Bruel, à Lille.

121. — **Style Louis XV** ; 4 bras appliqués à deux lumières, bronze ciselé, deux dorés.

122. — **Bronze de la Chine** ; paire vases, forme balustre, ornés sur la panse d'un dragon et sur le col de branchages chargés d'oiseaux.

123. — **Bronze du Japon** ; paire de petits flambeaux de pagode chargés de dragons.

124. — **Bronze de Bombay ;** vase couvert à anses verticales, surface gravée, dessins de cachemire.

125. — **Autre vase** de même origine et travail, orné de figures et divinités.

126. — **Époque Louis XVI ;** petit vase en granit d'Égypte, monture en bronze ciselé, doré, à guirlandes, rubans et médaillons ovales, représentant deux sages de la Grèce.

127. — **Bronze ;** paire de grands chenets de style Louis XIII ornés à la base de masques entourés d'ornements.

128. — **Bronze ;** grand lustre de style Louis XIII hollandais, 16 lumières, arrangé pour l'éclairage au gaz, les bougies peuvent être remplacées par des lampes qui seront vendues avec.

129. — **Cuivre ;** samovar de l'époque Louis XVI.

130. — **Bronze doré ;** garniture de cheminée style Louis XVI, très beaux modèles comprenant pendule et candélabres. — Mouvement signé Domange, à Paris.

131. — **Bronze doré ;** galerie de foyer style Louis XVI, ornée à chaque extrémité de guirlandes de feuillage.

132. — **Bronze doré à la feuille ;** lustre à 27 lumières, style Louis XVI.

133. — **Mobilier de salon ;** bois sculpté, peint blanc et doré, style Louis XVI, recouvert en tapisserie de Neuilly, fond vert d'eau et guirlandes de fleurs, les dossiers ornés de médaillons en grisaille, amours, les sièges ornés de trophées champêtres, composé de deux canapés, six fauteuils, un tabouret pouff.

2 garnitures de fenêtres de même style et décoration, comprenant quatre rideaux, 2 lambrequins, 2 galeries bois sculpté, blanches et dorées.

134. — **Table de salon**; à extrémités arrondies, bois sculpté, style doré Louis XVI.

135. — **Six petites chaises** légères bambou, dorées, foncées de canne.

136. — **Cave à liqueurs**, boîte en bois rose, ornée de bronzes dorés avec 4 flacons et verres gravés.

137. — **Douze chaises** en acajou sculpté, style Louis XVI, recouvertes en tapisserie de Neuilly, dossiers et sièges ornés de trophées de gibier.

138. — **Piano** de Soufleto, caisse en palissandre.

139. — **Dressoir** en acajou sculpté.

140. — **Tapis carpette** de Neuilly à fond vert d'eau.

141. — **Grand tapis carpette** fond noir, entouré de guirlandes de feuillages et écoinçons à fond bleu.

142. — **Deux réchauds** en plaqué.

143. — **Époque Louis XVI**; mobilier, comprenant table, six chaises cannées, six fauteuils garnis de soie rouge et une console; le tout peint blanc et doré.